GINA REINHARDT
@GINASBUNTERKINDERBLOG

MEIN BUNTER FARBENSPASS

KINDER MALEN MIT WASSERFARBEN

CV

INHALT

WASSERFARBEN-SPAß

Ich freue mich sehr, dir und deinen Kindern mit diesem Buch Ideen und Anregungen zu geben. Ihr werdet staunen, was man mit Wasserfarben aus dem Tuschkasten alles gestalten kann.

Aber wer schreibt und tuscht denn hier?
Mein Name ist Gina Reinhardt. Ich bin Mutter von zwei wundervollen Kindern, Ehefrau, berufstätig im öffentlichen Dienst und schreibe nun bereits seit 2016 meinen DIY- und Familienblog www.ginasbunterkinder-blog.de. Besonders auf den gängigen Social-Media-Seiten (Instagram, Pinterest, Facebook, Youtube) zeige ich Ideen für das Basteln für und mit Kindern, Einfaches aus Alltagsgegenständen. Schau gern dort vorbei und zeige mir deine fertigen Werke.

Was erwartet dich in diesem Buch?
Alle im Folgenden vorgestellten Projekte habe ich zusammen mit meinen zwei Kindern ausgesucht und für dieses Buch getuscht. Bei der Auswahl haben wir darauf geachtet, dass es sowohl für Jungs als auch für Mädchen interessant ist, dass der Schwierigkeitsgrad unterschiedlich ist und jeweils dem Alter angepasst werden kann und dass du Ideen durch das ganze Jahr findest. Einige Projekte eignen sich auch, um auf mehrere Tage aufgeteilt zu werden. Wir haben verschiedene Materialen und Techniken verwendet, damit für dich und deine Kinder garantiert etwas dabei ist und ihr jede Menge Spaß mit diesem Buch haben werdet.
Ich bin mir sicher, wenn ihr alle Projekte gemalt habt, werdet ihr den Tuschkasten genauso lieben, wie wir es tun. Denn unterm Strich reicht ein Tuschkasten zum kreativen Gestalten mit Kindern völlig aus.

Ich wünsche dir beim Nachtuschen ganz viel Freude und bin gespannt auf eure Werke.

Eure Gina

Die Arbeit läuft dir nicht davon, wenn du deinem Kind einen Regenbogen zeigst. Aber der Regenbogen wartet nicht, bis du mit der Arbeit fertig bist.

MALEN MIT WASSERFARBEN

Warum ich den Tuschkasten liebe

In unserer Überflussgesellschaft gibt es gerade auch im kreativen Bereich unzählige Materialien. Aber um mit Kindern kreativ zu sein und Bilder zu gestalten, reichen ein Tuschkasten (Wasserfarbkasten), wie er in der Schule verwendet wird, und Pinsel völlig aus. Die Kinder können mit ihm in die Welt der Farben eintauchen und sich ausprobieren. Leicht lassen sich die Hände und auch Textilien wieder säubern, da die Farben wasserlöslich sind.

Durch das Mischen im Deckel oder direkt auf dem Papier entdecken Kinder ganz spielerisch und natürlich, welche Farbe sich mischen lässt, und entdecken so vollkommen neue Töne. Die Farbe hält auf vielen verschiedenen Materialien und eignet sich auch für das Stempeln mit den Fingern.

Was ist wichtig

Ich achte darauf, einen Tuschkasten zu kaufen, in dem die Farben ausgetauscht werden können. So muss nicht ein neuer Kasten her, wenn die Lieblingsfarbe leer ist, sondern jede Farbe kann ersetzt werden. Das spart Müll und schont den Geldbeutel.

Bei den Pinseln verwende ich gerade für Kinder welche im mittleren Preisbereich. Hier brauchst du keine große Auswahl an Größen, mit den Größen 4, 8 und 10 kommt man wunderbar aus. Wir benutzen am liebsten Borstenpinsel. Du solltest da aber beim Kauf im Hinterkopf haben, dass die ganz günstigen beim Tuschen oft die Borsten verlieren. Um feine Einzelheiten in die Bilder zu malen, kannst du auch auf einen Filzstift zurückgreifen. Dies fällt Kindern häufig leichter, als mit einem ganz feinen Haarpinsel zu arbeiten.

Der Arbeitsplatz

Richte den Arbeitsplatz entsprechend dem Alter deines Kindes ein. Das Ziel ist es, eine schöne Atmosphäre und einen geschützten Rahmen zum Kreativsein zu schaffen. Nichts ist frustrierender für Kinder, als ständig zu hören: „Pass auf!", „Oh, nun hast du schon wieder gekleckst!", „Wie sieht der Tisch denn aus!" Sorge dafür, dass der Arbeitsplatz so eingerichtet ist, dass ihr alles in Griffweite habt und dass das Basteln ein entspanntes Erlebnis wird.

Bis ins Grundschulalter meiner Kinder habe ich den Tuschbereich für sie immer mit Zeitungspapier ausgelegt und später habe ich uns eine Wachstischdecke gekauft. Beides hat Vorteile: Das Zeitungspapier kommt von alleine einmal die Woche und erfüllt so noch einen Zweck, bevor es in das Altpapier wandert. Die Wachstischdecke wiederum lässt sich leicht mit einem Tuch feucht abwischen und ist immer einsatzbereit. Verstau sie am besten dort, wo dein Kind auch eigenständig drankommt.

Zum Tuschen braucht man Wasser. Um kleineren Überschwemmungen vorzubeugen,

Der Arbeitsplatz ist bereit, jetzt kann's losgehen!

ist die Anschaffung von Tuschbechern sinnvoll. Wenn man sie mit nur wenig Wasser füllt, läuft es nicht gleich über den ganzen Tisch, wenn der Becher einmal umkippen sollte.

Reinigung der Arbeitsmittel

Wenn nicht mehr getuscht wird, säubere die Pinsel mit klarem Wasser und stelle sie mit den Borsten aufrecht nach oben zum Trocknen auf.

Der Tuschbecher wird auch mit Wasser gereinigt.

Wenn die Farben im Tuschkasten oder der Kasten selber verschmutzt sind, kannst du die „Flecken" ganz leicht mit einem feuchten Lappen oder Tuch abwischen. Lasse den Tuschkasten nach dem Säubern offen zum Trocknen stehen. Wenn alle Materialien trocken sind, kannst du sie wieder verstauen.

MISCHEN DER FARBEN

Besonders Wasserfarben eignen sich hervorragend, um gemischt zu werden. In den meisten Tuschkästen sind in dem Deckel kleine Mulden hierfür vorgesehen. Die Farben können aber auch direkt auf dem Papier gemischt werden. Hier ist es wichtig, mit etwas mehr Wasser zu arbeiten. Das Deckweiß in dem Tuschkasten mischt du am besten in den Mulden im Deckel. Es dient zum einen dazu, Farben aufzuhellen, und zum anderen, um die Farbe deckender zu machen. Wenn du verschiedene Farben auf ein Bild aufträgst und nicht möchtest, dass sie sich vermischen, dann lasse dein Bild erst gut trocknen und trage dann die nächste Farbe auf.

Kleine Farbenlehre

- Rot und Blau gemischt ergibt Lila
- Gelb und Rot gemischt ergibt Orange
- Blau und Gelb gemischt ergibt Grün

Je nachdem, wie viel Farbe oder welche weitere Farbe dazugegeben wird, verändert sich die Farbe in unterschiedliche Töne. Auch die Zugabe von Weiß verändert den Ton.

Verschiedene Gelb-Rot-Nuancen

Farbenlehre Kindern nahebringen

Stelle sechs Gläser bereit. In drei davon gebe die gleiche Menge Wasser, ungefähr einen Daumen breit. Die anderen drei Gläser bleiben leer.

Lasse dein Kind mit seinem Pinsel das Wasser in den Gläsern rot, blau und gelb färben. Nun könnt ihr mit einer Pinzette oder auch durch Schütten Farben in den leeren Gläsern mischen und erleben, wie eine neue Farbe entsteht. Orientiert euch dabei an der oben genannte Farbenlehre.

Das Mischen könnt ihr natürlich auch direkt auf einem Papier (siehe Bild oben) oder im Deckel des Tuschkastens ausprobieren.

Darauf solltet ihr noch achten

Nur mit sauberem Wasser kann man strahlende Farben tuschen. Ist das Wasser stark verschmutzt, verschmutzt es auch die Farben. Daher lieber etwas weniger Wasser nehmen und einmal mehr erneuern.

Beim ersten Tuschen einer Farbe bewegt den Pinsel so lange kreisend auf der Farbe, bis kleine Blasen entstehen. Dann sind die Farbpigmente richtig gelöst und die Töne sehen kräftig auf dem Papier aus. Harte Farbübergänge können weich getuscht werden, indem man mit einem nassen Pinsel drübergeht. Probiert aus und habt Spaß dabei!

Blau und Gelb gemischt ergibt Grün; Gelb und Rot gemischt ergibt Orange

FÖRDERASPEKTE

Das Malen mit Wasserfarben fördert bei Kindern unter anderem folgende kognitiven Fähigkeiten:

- Kreativität und räumliches Vorstellungsvermögen
- Grob- und Feinmotorik
- Hand-Auge-Koordination
- Konzentrationsfähigkeit
- Selbstbewusstsein und die Fähigkeit zur Selbstkritik

Je nach Alter können Kinder unterschiedlich gut mit Pinsel und Wasserfarbe umgehen. Die Entwicklung eines jeden Kindes ist unterschiedlich und oft müssen wir als Eltern unsere innere Vorstellung von einem gelungenen Bild anpassen und uns über das Ergebnis unseres Kindes freuen. Jeder hat mal mit einem Strich angefangen.

Die Vorlagen

Du kannst die Vorlagen, die auf den Seiten 84 bis 93 abgedruckt sind, abpausen oder in Originalgröße herunterladen und ausdrucken, siehe unter DOWNLOADS auf der Website www.verlagshaus24.de/mein-bunter-farben-spass-kinder-malen-mit-wasserfarben

JAHRESZEITEN-BÄUME

Das brauchen wir
Wattestäbchen, Wassergefäß, Wasser, Tuschkasten
Vorlage 1 (siehe Hinweis Seite 11)

SO WIRD'S GEMACHT

1 Bereite die Vorlage von Seite 84, Wattestäbchen und ein kleines Gefäß mit Wasser vor. Mit einem Wattestäbchen tupfst du zuerst in das Wasser, dann nimmst du wie mit einem Pinsel die entsprechende Farbe auf und tupfst Punkte auf den Baum.

2 Wiederhole das so oft, bis der Baum ganz viele Tupfen hat. Du kannst auch verschiedene Farben oder Grüntöne verwenden. Am besten nimmst du dabei für jede Farbe ein eigenes Wattestäbchen.

3 Wenn der Baum gut betupft ist, ist er fertig. Je nachdem, welche Jahreszeit der Baum darstellen soll, wähle dann unterschiedliche Farbzusammenstellungen. Der Baum im Frühling könnte mit zarten grünen und rosa Blüten getupft werden. Der Baum im Sommer eher mit kräftigen Grüntönen und mit roten Äpfeln oder blauen Pflaumen. Der Herbstbaum erstrahlt in den schönsten Herbsttönen und der Baum im Winter ist eher kahl mit einigen Schneeverwehungen in Hellblau bis Weiß und letzten Blättern.

TIPP

Das Tupfen mit Wattestäbchen funktioniert am besten mit wenig Wasser und viel Farbe. Anfangs machen die Wattestäbchen kleine Tupfen, etwas später werden sie etwas größer, da das Wattestäbchen mehr aufgeweicht ist.

MARIENKÄFER

Das brauchen wir

Wattestäbchen, Wassergefäß, Wasser, Tuschkasten
Vorlage 2 (siehe Hinweis Seite 11)

SO WIRD'S GEMACHT

Lege die passende Vorlage von Seite 85 bereit oder gestalte selbst eine (siehe TIPP Seite 35). Nimm ein wenig Wasser mit dem Wattestäbchen auf, um anschließend mit diesem Farbe aus deinem Tuschkasten aufzunehmen. Tupfe mit dem Wattestäbchen auf das vorgesehene Feld in der Vorlage. Wiederhole dies, bis dein Bild fertig ist. Achte darauf, dass das Wattestäbchen nicht allzu viel Wasser aufnimmt, damit die Farbe auf deinem Bild nicht verläuft. Verwende für jede Farbe ein eigenes Wattestäbchen.

TIPP

Das Tupfen mit Wattestäbchen ist eine Übung, die ab dem Kindergartenalter bis in die Grundschulzeit spielerisch gezielt wichtige Kompetenzen fördert. Hand-Augen-Koordination, Pinzettengriff, Druckdosierung und Feinmotorik sind nur einige Beispiele. Wenn das Stempeln zu Anfang nicht direkt gelingt, ist es gar nicht schlimm. Übung macht den Meister.

BUNTER HERBSTBAUM

1

2

3

Das brauchen wir
Wäscheklammern, Watte, Wassergefäß, Wasser, Tuschkasten
Vorlage 1 (siehe Hinweis Seite 11)

SO WIRD'S GEMACHT

1 Mit der Wäscheklammer nimmst du ein bisschen Watte auf. Je nachdem, welche Watte du verwendest, musst du sie vorher etwas zusammenrollen. Es empfiehlt sich, für jede Farbe einen eigenen Wattebausch zu benutzen.

2 Lege nun die Baum-Vorlage von Seite 84, die fertigen Wäscheklammer-Wattetupfer, etwas Wasser und den Tuschkasten bereit. Mit dem Wäscheklammer-Wattetupfer nimmst du etwas Wasser auf und tupfst dann auf die Farbe im Tuschkasten, die du verwenden möchtest. Dann kannst du den Baum betupfen.

3 Wiederhole das so oft, bis der Baum dir gut gefällt. Unseren Baum haben wir als Herbstbaum gestaltet. Dafür haben wir unterschiedliche Farben des Herbstes übereinandergetupft. Die dadurch entstehenden Farbkombinationen machen den Baum lebendig. Du kannst mit dem Wäscheklammer-Wattetupfer auch die Umgebung des Baums gestalten, z.B. mit einer Rasenfläche und etwas Herbstlaub, das bereits vom Baum gefallen ist.

TIPP

Der Wattebausch sollte nur mit ganz wenig Wasser benetzt werden. Er saugt sich sonst voll und das Ergebnis wird ein ganz anderes sein. Hier eignet sich als Wassergefäß ggf. auch eine flache Schale, deren Boden nur gerade so mit Wasser bedeckt ist.

WEIHNACHTSBAUM

Das brauchen wir

Bleistift, Wellpappe, Schere, Blatt Papier, Wattestäbchen, Pinsel, Wassergefäß, Wasser, Tuschkasten

SO WIRD'S GEMACHT

1 Zeichne mit einem Bleistift auf die Rückseite deiner Wellpappe ein Dreieck und schneide es aus.

2 Nun malst du mithilfe eines Pinsels mit grüner Tusche die wellige Seite der Wellpappe an und stempelst dann damit auf dein Blatt Papier.

3 Durch die Form erinnert der Druck an einen Tannenbaum. Male noch einen kleinen Stamm mit brauner Tusche auf. Verziere zuletzt mithilfe eines Wattestäbchens deinen Baum mit kleinen Weihnachtskugeln in unterschiedlichen Farben.

TIPP

Diese Idee eignet sich für Karten, Anhänger oder um Geschenkpapier zur Weihnachtszeit zu gestalten.

FARBENFROHE BLUMEN

Das brauchen wir

Korken, Blatt Papier, Feuchttuch (optional), Pinsel, Wassergefäß, Wasser, Tuschkasten

SO WIRD'S GEMACHT

1 Bemale mit einem Pinsel eine Seite eines Korkens mit Tusche. Verwende dazu viel Farbe und wenig Wasser, dann hält die Farbe am besten und verschmiert nicht. Nimm zunächst Gelb für den Blütenpollen der Blumen.

2 Nun drückst du den Korken auf dein Papier.

3 Verwende für jede weitere Farbe einen eigenen Korken oder säubere deinen Korken zwischendurch z. B. mit einem Feuchttuch. Um jeden Blütenpollen stempelst du fünf Blütenblätter in jeweils einer anderen Farbe.

TIPP

Ist beim Blütenstempeln der gelbe Blütenpollen verschmiert oder verlaufen? Kein Problem, wenn alles getrocknet ist, kannst du erneut mit deinem Korken und gelber Farbe den Blütenpollen nachstempeln.

FISCHE

Das brauchen wir

Schere, Luftpolsterfolie, Klopapierrollen, Gummiband, weißes Blatt Papier, Pompons (optional), Filzstifte (optional), Wackelaugen, Pinsel, Wassergefäß, Wasser, Tuschkasten

SO WIRD'S GEMACHT

1 Schneide aus der Luftpolsterfolie ein so großes Stück aus, dass du es gut über die Öffnung einer Klopapierrolle legen kannst. Befestige es dann mit einem Gummiband, sodass ein Stempel daraus entsteht. Für jede Farbe, die du verwenden möchtest, benötigst du so einen Luftpolsterstempel.

2 Bemale mit einem Pinsel die Luftpolsterfolie in der Farbe deiner Wahl. Die Farbe hält am besten auf der Folie, wenn du wenig Wasser und viel Farbe verwendest. Dann drückst du den Stempel auf dein Blatt Papier. Dies wird der Körper des Fisches.

3 Wiederhole dies so oft, auch mit unterschiedlichen Farben, bis genug Fischkörper auf deinem Papier sind. Nun gestaltest du die Umgebung mit Algen, kleinen Luftblasen und Sand am Boden. Die Luftblasen und den Sand haben wir z.B. mit kleinen Pompons gestempelt, den Rest mit einem Pinsel gemalt. Wenn der Fischkörper getrocknet ist, malst du mit einem Filzstift oder Pinsel noch Flossen und einen Mund auf. Zuletzt klebst du jeweils ein Wackelauge auf, das lässt deine Fische lebendig erscheinen.

TIPP

Mit der Luftpolsterfolie lassen sich z.B. auch Eiskugeln, Weihnachtskugeln, Schneemänner, Baumkronen und vieles mehr stempeln. Probiert es aus und werdet kreativ.

TULPENBILD

Das brauchen wir
Kuchengabel, weißes Blatt Papier, Pinsel, Wassergefäß, Wasser, Tuschkasten

SO WIRD'S GEMACHT

1 Nimm mit einem Pinsel eine Farbe deiner Wahl auf. Es ist hierbei besonders wichtig, dass du wenig Wasser und viel Farbe verwendest. Fast so, als würde die Farbe eine klebrige Konsistenz haben. Das erreichst du mit wenig Wasser und vielen Kreisbewegungen in der Farbe mit einem Pinsel. Bestreiche dann die Gabel mit einem Pinsel.

2 Drücke deine Gabel auf das Blatt Papier. Am besten funktioniert es, wenn du zuerst die Gabelspitzen ansetzt und dann langsam die Gabel nach unten abrollst. Wiederhole dies so oft, bis du ausreichend Tulpen auf deinem Blatt gestempelt hast.

3 Als Nächstes tuschst du mit einem Pinsel den Tulpenstiel und Blätter in Grün. Um dem Bild den letzten Schliff zu verleihen, stempelst du mit den Gabelspitzen am unteren Rand in Grün noch Grashalme.

TIPP

Wenn die Farbe zu flüssig ist, zerlaufen die Abdrücke der Gabel. Das Stempelbild gelingt am besten, wenn die Farbe sehr zäh ist und der Abdruck langsam gemacht wird. Vor dem ersten Bild kann das Stempeln mit der Gabel auch auf einem Blatt Papier geübt werden. So bekommst du ein gutes Gefühl dafür, wie sich Gabel und Farbe verhalten.

LÖWENKOPF

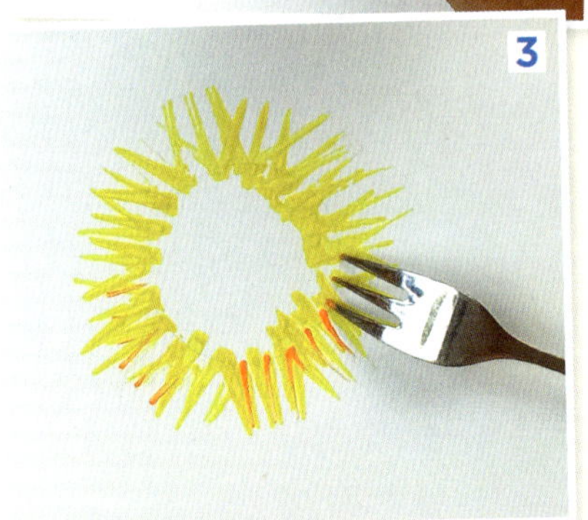

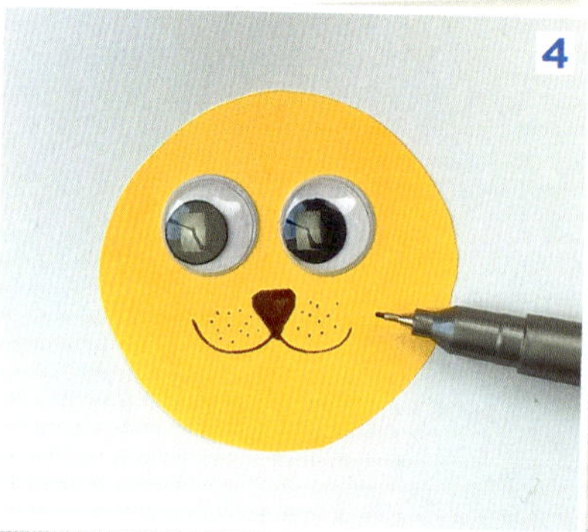

Das brauchen wir

Bleistift, runde Form, weißes Blatt Papier, gelbes Blatt Papier, Gabel, Schere, Wackelaugen, schwarzen Stift, Kleber, Pinsel, Wassergefäß, Wasser, Tuschkasten

SO WIRD'S GEMACHT

1 Zeichne mit einem Bleistift um deine runde Form jeweils einen gleichen Kreis auf das weiße Papier (als Platzhalter) und auf das gelbe Papier.

2 Nimm mit einem Pinsel ein wenig Wasser auf, um dann mit vielen kreisenden Bewegungen recht zähes Gelb auf die Unterseite der Gabel zu streichen. Stemple mit der Gabel die Mähne des Löwen in Gelb einmal rundherum um den Kreis auf dem weißen Papier.

3 Um der Mähne mehr Tiefe zu verleihen, gibst du mit einem Pinsel etwas Wasser in die orange Farbe deines Tuschkastens. Tupfe nur mit den Gabelspitzen etwas orange Farbe auf und kratze dann vorsichtig mit Orange von der Außenkante der Mähne zum gezeichneten Kreis hin. Wiederhole dies, bis die Löwenmähne fertig ist.

4 Während das weiße Papier trocknet, schneidest du den aufgezeichneten Kreis aus dem gelben Papier aus und klebst anschließend zwei Wackelaugen drauf. Male mit einem schwarzen Stift auf den gelben Kreis eine kleine Dreiecksnase und darunter von der Spitze des Dreiecks ausgehend jeweils nach links und rechts unten einen kleinen Halbkreis. Fertig ist dein Löwengesicht. Dieses klebst du zuletzt in die Mitte der Mähne.

TIPP

Wenn das Stempeln noch nicht gut gelingt, kannst du auch gelbe Farbe in die Mitte des Kreises geben und mit den Gabelspitzen von dort aus die Mähne nach außen ziehen.

KLEINE MONSTER

Das brauchen wir
Schwämme, weißes Blatt Papier, Wackelaugen, Pinsel, Wassergefäß, Wasser, Tuschkasten

SO WIRD'S GEMACHT

1 Male mit einem Pinsel jeweils einen Schwamm ordentlich an.

2 Drücke nun die bemalte Seite auf das Blatt Papier. Je nachdem, wie viel Wasser du zum Anmalen genommen hast, kannst du mehrere Abdrücke hintereinander machen. Ein leichter Druck auf den Schwamm genügt. Wenn deine Abdrücke getrocknet sind, verschönerst du sie noch entsprechend mit Wackelaugen.

TIPP

Beim Einkaufen findet man oft Motivschwämme, die sich auch zum Basteln eignen. Du kannst auch aus normalen Haushaltsschwämmen Formen schneiden und Bilder gestalten. Ein herkömmlicher Schwamm eignet sich z.B. prima, um eine Eisenbahn mit Anhängern zu stempeln.

HERZ-KARTE

Das brauchen wir

Schere, weißes Blatt Papier, farbiges Blatt Papier, Kleber, Tuch (optional), schwarzen Stift (optional), Wassergefäß, Wasser, Tuschkasten

SO WIRD'S GEMACHT

1 Zuerst schneidest du das weiße Papier in vier gleich große Stücke. Diese werden später deine Leinwand. Nun nimmst du ein farbiges Papier und faltest es einmal mittig. So entsteht eine Karte, die du gestalten kannst. Dann klebst du eines der weißen Papierstücke mittig auf die Karte.

2 Bereite die Karte sowie den Tuschkasten und das Wasser vor. Um den Finger zwischendurch zu säubern, kannst du dir auch ein Tuch griffbereit legen. Tauche nun deinen Zeigefinger in das Wasser, um anschließend mit kreisenden Bewegungen Farbe aus dem Tuschkasten aufzunehmen. Wenn der Finger gut mit Farbe bedeckt ist, drückst du ihn auf das weiße Papier. Damit hast du die erste Hälfte von einem Herz gestempelt. Geh erneut mit dem Finger in die Farbe deiner Wahl und drücke dann den farbigen Finger so neben den ersten Farbdruck auf das Blatt Papier, dass ein Herz entsteht. Wiederhole dies so oft, bis du genug Herzen gestempelt hast.

3 Wenn du magst, kannst du mit einem schwarzen Stift Bänder an die Herzen malen. Es scheint dann so, als wären die Herzen Luftballons. Am Ende aller Schnüre kannst du noch eine kleine Schleife malen. Fertig ist die Karte zum Muttertag, Valentinstag oder zum Geburtstag. Wenn du magst, kannst du am Ende auch noch etwas in die Karte schreiben.

TIPP

Verwende zum Stempeln wenig Wasser und viel Farbe, um ungewollte Tropfen zu vermeiden.

BLUMEN-KARTE

1

2

3

Das brauchen wir

Schere, weißes Blatt Papier, farbiges Blatt Papier, Konturenschere, Kleber, Tuch (optional), schwarzen Stift, feinen Pinsel, Wassergefäß, Wasser, Tuschkasten

SO WIRD'S GEMACHT

1 Zuerst schneidest du das weiße Papier in vier gleich große Stücke. Diese werden später deine Leinwand. Falte ein farbiges Papier in der Mitte zusammen. So entsteht eine Karte. Du kannst den Rand des weißen Papiers mit der Konturenschere abschneiden. Als Nächstes klebst du eines der weißen Papierstücke mittig auf die Karte.

2 Lege dir ein Tuch bereit. Tauche nun den Zeigefinger in das Wasser und nimm mit kreisenden Bewegungen Farbe aus dem Tuschkasten auf. Starte mit Gelb für die Blütenpollen. Wenn der Finger gut mit Farbe bedeckt ist, drückst du ihn auf das weiße Papier. Wiederhole das z.B. fünfmal für fünf Blütenpollen. Anschließend werden die Blütenblätter gestempelt. Nimm dafür wieder nur mit der Fingerspitze Farbe auf und platziere jeweils fünf Kreise um einen Blütenpollen.

3 Wenn die Blumen fertig sind, malst du mit dem feinen Pinsel und grüner Farbe die Blütenstängel. An diesen stempelst du mit dem Finger noch kleine Blätter. Zuletzt stempelst du in jede Ecke der Karte mit roter Farbe noch einen Marienkäfer. Wenn die Farbe getrocknet ist, malst du mit einem schwarzen Stift den Kopf und die Rückenflügel auf. Nun hast du eine schöne Grußkarte gestaltet. Wenn du magst, kannst du am Ende auch noch etwas hineinschreiben.

TIPP

Bevor du mit einem Stift auf Tusche malst, lass die Tuschfarbe gut trocknen. Es entstehen sonst unschöne, etwas verschmierte Ergebnisse.

ENGEL

Das brauchen wir

Tuch, Wassergefäß, Wasser, Tuschkasten
Vorlage 3 (siehe Hinweis Seite 11) oder selbst gestaltete Vorlage

SO WIRD'S GEMACHT

Drucke dir eine passende Vorlage von Seite 86 aus oder gestalte selber eine (siehe TIPP). Ein Tuch, um den Finger zu säubern, sollte in Griffweite liegen. Tauche deinen Finger in etwas Wasser ein und nimm mit kreisenden Bewegungen Farbe aus deinem Tuschkasten auf. Wenn dein Finger mit genügend Farbe bedeckt ist, drücke ihn auf das vorgesehene Feld in der Vorlage. Wiederhole dies, bis dein Bild fertig ist. Achte darauf, dass die Farbe nicht flüssig ist, sondern sich eher etwas klebrig anfühlt.

TIPP

Du kannst dir Vorlagen auch selbst gestalten. Die einfachste Variante sind Umrisszeichnungen aus dem Internet oder aus Malbüchern und selbst gemalte Formen, Zahlen oder Buchstaben. Tupfe dann mit deinem Finger auf den Linien entlang.

IGEL VON VORNE

Das brauchen wir

Farbiges Blatt Papier, Stift, Schere, Wackelaugen, Kleber, Pompon, weißes Blatt Papier, runde Form, Zahnbürste, Wassergefäß, Wasser, Tuschkasten

SO WIRD'S GEMACHT

1 Falte ein farbiges Blatt Papier in der Mitte zusammen. An die Faltlinie zeichnest du mit einem Stift ein halbes Herz. Mit der Schere schneidest du dann an der gemalten Linie entlang. Wenn du nun das Papier aufklappst, hältst du ein Herz in der Hand. Dieses beklebst du mit Wackelaugen und einem Pompon als Nase. Schon ist dein Igelkopf fertig. Lege ihn erst einmal zur Seite.

2 Zur besseren Orientierung auf dem weißen Blatt Papier zeichnest du einen Kreis um die runde Form auf. Hier wird später der Igelkopf aufgeklebt. Tunke die Zahnbürste in das Wasser und nimm mit ihr, wie mit einem Pinsel, Farbe auf. Nun streichst du von deinem Kreis aus die Stacheln des Igels auf. Es entstehen unterschiedliche Muster, je nachdem, wie viel Wasser du verwendest, ob du stark aufdrückst oder behutsam mit der Zahnbürste malst.

3 Wiederhole das Stachelmalen mit der Zahnbürste so lange, bis du einen schönen Stachelkreis gemalt hast. Du kannst auch unterschiedliche Töne einer Farbe verwenden. Das verleiht den Stacheln mehr Tiefe. Wenn du zufrieden mit deinen Stacheln bist, klebst du den beiseitegelegten Igelkopf mittig in die Stacheln.

TIPP

Leg den Arbeitsbereich um den Tuschkasten gut aus, es kommt beim Farbeaufnehmen mit der Zahnbürste gerne zu Spritzern. Wenn du das erste Mal mit einer Zahnbürste malst, nimm dir vorher die Zeit, es auf einem Blatt Papier auszuprobieren. Die Zahnbürste malt sehr unterschiedlich, je nachdem, ob viel Wasser oder wenig Wasser verwendet wurde und auch, wie viel Druck beim Malen aufgewendet wird. Eine schöne Freiübung, um ins Gespräch zu kommen und zu erforschen, was passiert, wenn ...

FEDER

Das brauchen wir
Weißes Blatt Papier, schwarzen Stift, Zahnbürste, Wassergefäß, Wasser, Tuschkasten

SO WIRD'S GEMACHT

1 Lege dein Papier vor dich hin und zeichne mit einem Stift eine halb gebogene Linie. Dies ist der Kiel der Feder.

2 Nun verwendest du die Zahnbürste wie einen Pinsel. Nimm etwas Wasser auf und danach etwas Farbe. Beginne am obersten Punkt deiner gezeichneten Linie und streiche mit der Zahnbürste erst nach links weg von der Linie und dann noch mal nach rechts auf gleicher Höhe. Wiederhole dies mit unterschiedlichen Farben, bis du unten am Ende deiner Linie angekommen bist.

TIPP

Wenn du zum ersten Mal mit einer Zahnbürste malst, probiere vorher auf einem Blatt Papier aus, wie sie sich verhält und welche Muster sie mit welchem Druck macht. Verwende wenig Wasser und wenig Farbe, dann wird der Federeffekt am schönsten.

TAPE-ART-BILDER

Das brauchen wir

Leinwand oder weißes Blatt Papier, Malerkrepp oder Washi Tape, Pinsel, Wassergefäß, Wasser, Tuschkasten

SO WIRD'S GEMACHT

1 Beklebe deine Leinwand mit Malerkrepp. Dabei gibt es keine Vorgaben, klebe die Streifen kreuz und quer oder nach einem Muster deiner Wahl. Du kannst auch Namen, Buchstaben oder Zahlen mit dem Malerkrepp gestalten.

2 Wenn du mit dem Bekleben fertig bist, fängst du an, die freien Flächen zwischen dem Malerkrepp mit einem Pinsel auszumalen. Wichtig ist, dass du viel Farbe verwendest. Wenn deine Farbe zu flüssig ist, kann es passieren, dass auch Farbe unter das Malerkrepp läuft. Male alle freien Flächen aus, wie es dir gefällt.

3 Nachdem du alles bemalt hast, ziehst du vorsichtig die Malerkreppstreifen von deiner Leinwand ab.

TIPP

Probiere vorher aus, wie stark das Malerkrepp an dem ausgewählten Untergrund haftet. Nichts ist enttäuschender, als wenn beim Abziehen das Papier kaputtgeht. Wenn das Bild (so wie oben beschrieben) auf Leinwand statt auf Papier gestaltet wird, ist es eine schöne Geschenkidee für die Lieben. Sollte etwas Farbe unter das Krepp gelaufen sein, kann das auch einen sehr schönen Effekt ergeben (wie z.B. bei uns, zu sehen auf den Fotos).

SCHMETTERLING I

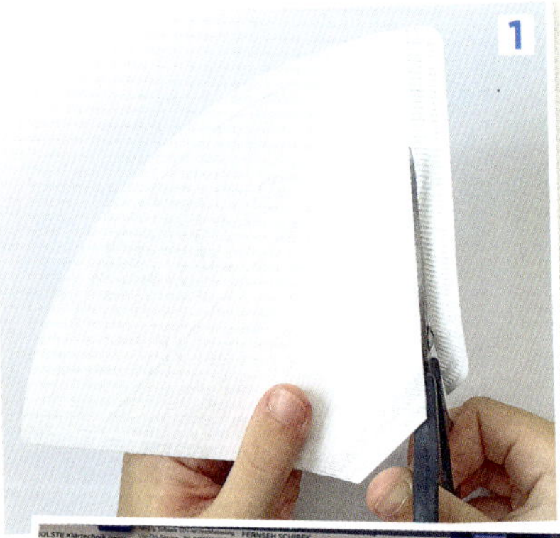

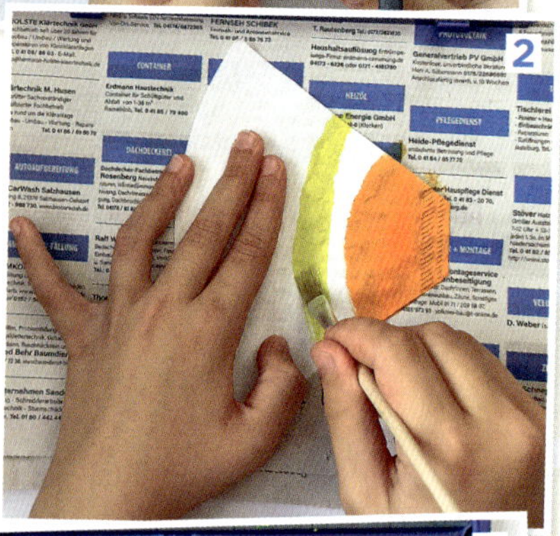

Das brauchen wir

Saugfähige Unterlage (z.B. Zeitungspapier), weißen Kaffeefilter, Schere, Holz-Wäscheklammer, Pfeifenputzer, Wackelaugen, Pinsel, Wassergefäß, Wasser, Tuschkasten

SO WIRD'S GEMACHT

1 Lege deinen Arbeitsbereich gut mit einer Unterlage aus. Wir verwenden dafür gerne die Zeitung vom letzten Wochenende. Wenn du alles vorbereitet hast, nimm dir einen Kaffeefilter und schneide ihn an beiden verschlossenen Seiten entlang mit deiner Schere auf.

2 Lege den Kaffeefilter vor dir auf deine Unterlage und tusche ihn mit einem Pinsel schön bunt an. Du kannst den Kaffeefilter aufklappen und beide Seiten einzeln bemalen oder du lässt ihn zugeklappt und verwendest viel Wasser und Farbe. Da der Kaffeefilter durchlässig ist, drückt sich das Muster auf die andere Seite durch.

3 Wenn dein Kaffeefilter fertig ist, bemalst du die Holz-Wäscheklammer in der Farbe deiner Wahl. Lass nun beides gut trocknen.

4 Öffne die Flügel deines Kaffeefilter-Schmetterlings und klammere die Wäscheklammer genau in die Mitte. Die Klammer ist der Körper. Als Nächstes bekommt dein Schmetterling Fühler aus einem Pfeifenputzer. Diesen schiebst du am oberen Ende der Wäscheklammer einfach durch das kleine Loch. Zuletzt bringst du die Wackelaugen auf der Klammer an, damit schaut der Schmetterling gleich viel lebendiger aus.

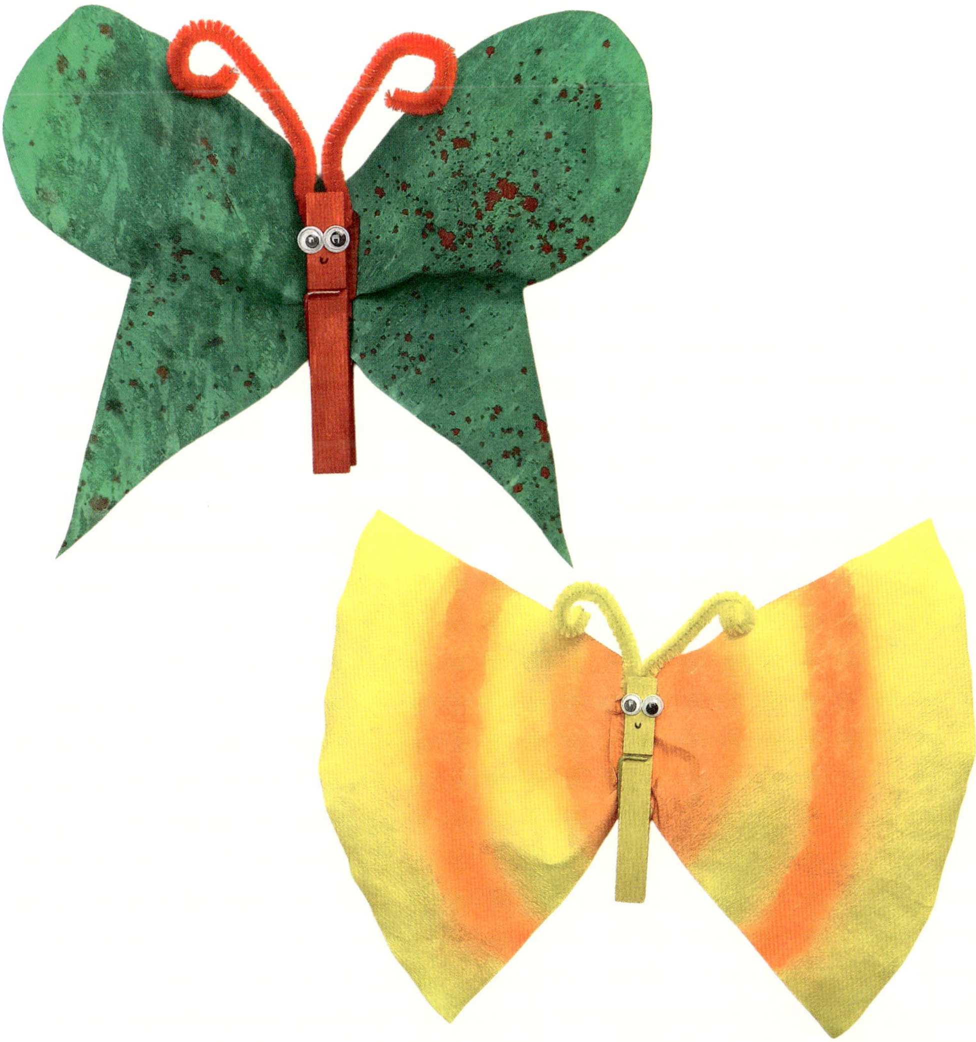

TIPP

Du kannst die Flügelform des Schmetterlings verändern, indem du am Anfang die halbrunde Seite des Kaffeefilters in Form schneidest. Bei unserem grünen Schmetterling haben wir einen halben Kreis, der nach unten spitz zuläuft, geschnitten. Es können durch Formen und Farbverläufe wunderschöne Kreationen entstehen.

FLEDERMAUS

Das brauchen wir

Saugfähige Unterlage (z.B. Zeitungspapier), weißen Kaffeefilter, Schere, Holz-Wäscheklammer, Wackelaugen, Papierrest, Pinsel, Wassergefäß, Wasser, Tuschkasten

SO WIRD'S GEMACHT

1 Lege deinen Arbeitsbereich gut mit einer Unterlage aus. Nimm dir dann einen Kaffeefilter und schneide ihn mit der Schere an beiden geschlossene Seiten einmal entlang auf. Nun schneidest du in die Rundung des Filters die Form der Fledermausflügel, am besten schneidest du flache Halbkreise die spitz ans Ende laufen.

2 Als Nächstes werden die Flügel mit einem Pinsel bemalt. Entweder klappst du den Kaffeefilter auf und bemalst beide Seiten einzeln oder du lässt den Kaffeefilter zusammen und verwendest viel Wasser und Farbe. Das Muster drückt sich dann durch den Kaffeefilter auch auf die andere Seite. Wir haben viel Schwarz, Lila und Dunkelblau verwendet, um die Flügel zu gestalten. Die Farben können auch ineinanderfließen, dass ergibt einen schönen Farbverlauf.

3 Wenn dir das Ergebnis gefällt, legst du den Kaffeefilter zum Trocknen beiseite. Nun malst du die Wäscheklammer rundum schwarz an.

4 Nachdem alles gut getrocknet ist, öffnest du den Kaffeefilter, klammerst die Wäscheklammer mittig auf den Filter. Sie ist der Körper der Fledermaus. Zuletzt verschönerst du sie mit Wackelaugen und kleinen Vampirzähnchen, die du aus Papier ausschneiden und mit Bleistift bemalen kannst.

TIPP

Als Unterlage solltest du unbedingt etwas Saugfähiges nehmen (z.B. wie vorgeschlagen Zeitungspapier). Da der Kaffeefilter durchlässig ist, würde es mit einer normalen Malunterlage eine sehr schmierige Angelegenheit werden.

MONSTER

Das brauchen wir

Saugfähige Unterlage (z.B. Zeitungspapier), runden oder herkömmlichen Kaffeefilter, Schere, farbiges Blatt Papier, Kleber, Wackelaugen, schwarzen Stift, Pinsel, Wassergefäß, Wasser, Tuschkasten

SO WIRD'S GEMACHT

1 Lege deinen Arbeitsbereich gut mit einer Unterlage aus. Wenn du keinen runden Kaffeefilter hast, schneidest du aus einem herkömmlichen Kaffeefilter einen runden Kreis aus. Du kannst dir zur Hilfe eine kleine runde Schale oder Becher nehmen, um die Form abzumalen. Wenn du bereit bist, fängst du an, den Kaffeefilter mit einem Pinsel in der Farbe deiner Wahl zu bemalen.

2 Indem du verschiedene Farben verwendest und sie ineinander verlaufen lässt, entstehen großartige Farbspiele.

3 Lass anschließend dein Kaffeefilter-Monster vollständig trocknen. Schneide aus farbigem Papier zwei dünne und zwei etwas dickere Streifen. Falte sie dann wie eine Ziehharmonika. Dies werden die Arme und Beine deines Monsters. Klebe die Beine an den unteren Rand des Filters und die Arme jeweils an die Seite. Nun wird es Zeit, dass dein Monster auch sehen kann: Klebe so viel Wackelaugen auf den Kaffeefilter, wie es dir gefällt. Zuletzt zeichnest du mit einem schwarzen Stift noch einen Mund auf.

TIPP

Es ist wichtig, dass der Kaffeefilter gut durchgetrocknet ist, bevor mit dem Kleben begonnen wird. Die Arme und Beine sowie die Wackelaugen werden nicht halten, wenn der Kaffeefilter noch feucht ist.

HERZ

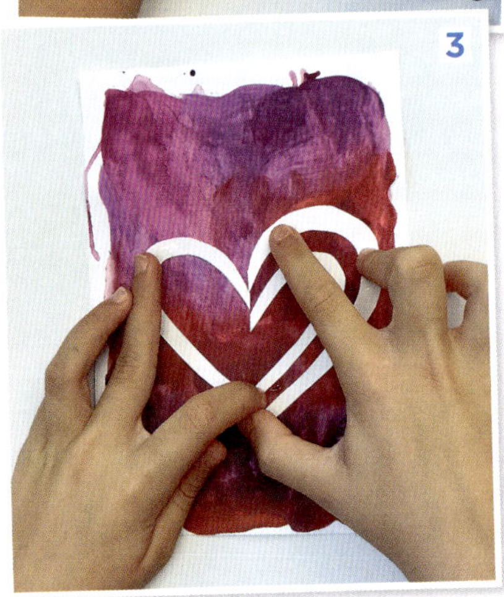

Das brauchen wir

2 weiße Blatt Papier, Schere, Kleber, Pinsel, Wassergefäß, Wasser, Tuschkasten
Vorlage 4 (siehe Hinweis Seite 11)

SO WIRD'S GEMACHT

1 Bemale ein Blatt Papier mit einem Pinsel in unterschiedlichen Farben, verwende dabei solche, die gut miteinander harmonieren, z.B. Blau- und Grüntöne oder Rot- und Lilatöne.

2 Nachdem du dein ganzes Bild bemalt hast, tauchst du den Pinsel noch mal nur in Wasser und gehst damit über die gesamte farbige Fläche. So verschmelzen die Farbtöne miteinander und es entsteht ein sehr harmonisches Bild. Lass dein Papier anschließend gut trocknen. Schneide dann ein Herz aus weißem Papier mithilfe der Vorlage von Seite 87 so aus, dass es auf dein farbiges Bild passt. Lege es zur Probe auf dein Bild. Wenn die Größe passt, schneidest du das Herz längs in der Mitte durch. Du brauchst nur eine Hälfte.

3 Nun schneidest du einen Streifen außen am halben Herzen ab. Diesen klebst du auf deinen bunten Hintergrund. Wenn du dir eine Mittellinie auf deinem Bild vorstellst, kommt der erste Streifen links davon. Nun schneidest du wieder an der Außenkante entlang einen Streifen ab, diesen klebst du auf die rechte Seite der gedachten Mittellinie, sodass etwas versetzt wieder ein Herz zu erkennen ist. Das wiederholst du immer abwechselnd, bis du keinen Streifen mehr abschneiden kannst und alles aufgeklebt ist.

TIPP

Diese Technik kann man mit vielen Formen durchführen. Es ist nicht wichtig, dass die Streifen immer gleich dick sind. Bitte beachte, dass das getuschte Papier gut getrocknet sein muss, damit der Kleber hält.

ZAUBERBILDER

Das brauchen wir

Weiße Kerze, weißes Blatt Papier, Pinsel, Wassergefäß, Wasser, Tuschkasten

SO WIRD'S GEMACHT

1 Nimm dir die Kerze und male damit auf das Papier ein Muster oder ein Bild. Du musst gut aufdrücken, damit sich das Wachs auf das Papier reibt.

2 Male mithilfe des Pinsels mit viel Wasser und wenig Farbe über das Papier. Wie von Zauberhand erscheint nun das mit der Kerze gemalte Motiv.

3 Tusche über das ganze Blatt, um sicherzugehen, dass du alles erwischt hast, was du mit der Kerze aufgemalt hast.

TIPP

Da das Wachs der Kerze wasserabweisend ist, hält die Wasserfarbe nicht auf den mit Wachs bemalten Stellen. Diese Technik eignet sich für viele Ideen, nicht nur für Muster und Bilder. Wie wäre es stattdessen mit versteckten Wörtern, Matheaufgaben oder einer geheimnisvollen Einladung zum Geburtstag?

ABSTRAKTE KUNST I

1

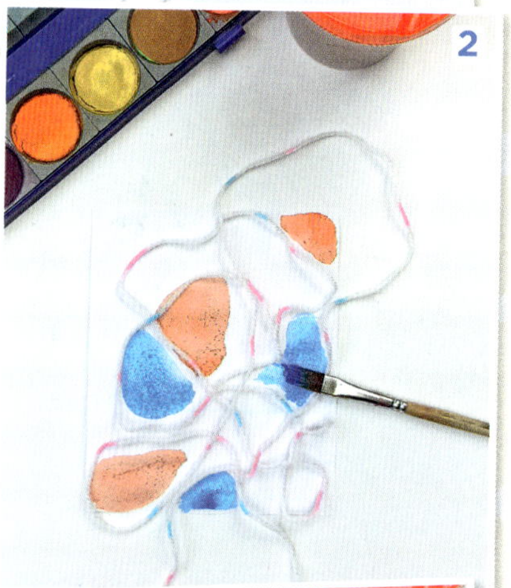

2

3

Das brauchen wir

Längeren Bindfaden, weißes Blatt Papier, Pinsel, Wassergefäß, Wasser, Tuschkasten

SO WIRD'S GEMACHT

1 Nimm dir den Bindfaden und lege ihn kreuz und quer auf das Blatt Papier vor dir. Du kannst ihn auch einfach darauf fallen lassen. Durch die Schlaufen entstehen Muster.

2 Male nun mit einem Pinsel die weißen Felder zwischen den Schlaufen aus. Ob du verschiedene Farben verwendest oder nur eine, ist dir überlassen. Wichtig ist nur, dass du den Faden nicht berührst und nur innerhalb der einzelnen weißen Flächen malst.

3 Wenn alle weißen Felder ausgemalt sind, hebst du den Faden nach oben von deinem Bild ab. Dort, wo der Faden vorher lag, bleiben weiße Flächen, so entsteht ein tolles einzigartiges Bild.

TIPP

Diese Übung ist leichter mit einem feinen Pinsel. Umso größer der Pinsel, desto schwieriger wird es, nur in den weißen Flächen zu malen.

ABSTRAKTE KUNST II

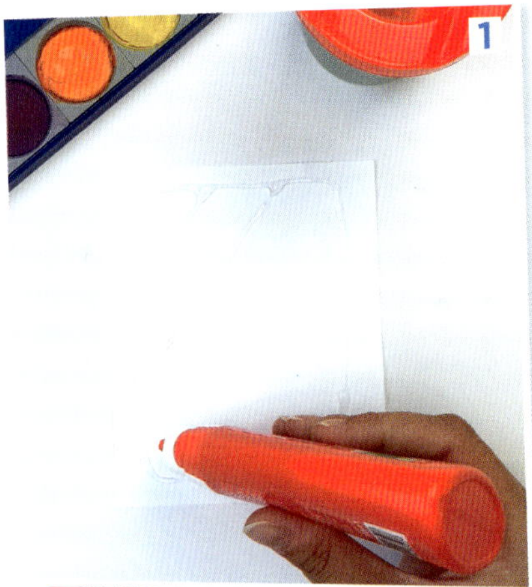

1

2

3

Das brauchen wir

Flüssigkleber, weißes Blatt Papier, Pinsel, Wassergefäß, Wasser, Tuschkasten

SO WIRD'S GEMACHT

1 Zeichne mit dem flüssigen Kleber eine Form, ein Motiv oder verschiedene Muster auf dein Papier. Nun lässt du den Kleber gut trocknen.

2 Wenn der Kleber gut durchgetrocknet ist, tuschst du mit einem Pinsel die einzelnen Flächen aus.

3 Zum Schluss malst du die weiße Fläche um dein Bild farbig an. So wirkt es noch grafischer.

TIPP

Verwende einen flüssigen Kleber, der nicht verläuft, und gedulde dich, bis er richtig durchgetrocknet ist, ggf. kannst du dazu das Projekt auch auf zwei Tage aufteilen.

TULPENBILD

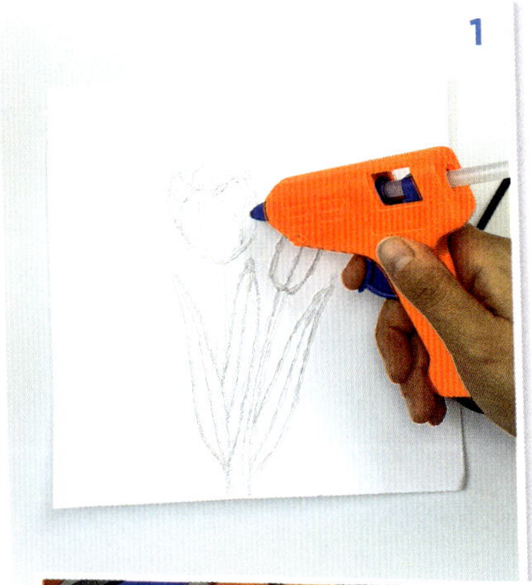

Das brauchen wir

Heißklebepistole (Sicherheitshinweis siehe TIPP) oder Flüssigkleber, Pinsel, Wassergefäß, Wasser
Tuschkasten
Vorlage 5 (siehe Hinweis Seite 11) oder selbst gestaltete Vorlage

SO WIRD'S GEMACHT

1 Drucke die Vorlage von Seite 89 aus oder suche dir eine Umrisszeichnung bzw. ein passendes Bild aus einem Malbuch aus und gestalte danach selber eine Vorlage. Mit der Heißklebepistole malst du die Umrisse bzw. Linien nach. Wenn du keine Heißklebepistole zur Hand hast, nimm Flüssigkleber.

2 Wenn der Kleber getrocknet ist, malst du mithilfe eines Pinsels die entstandenen Felder mit Tusche aus. Versuche innerhalb der Felder zu malen und nicht über die Kleberlinien hinaus.

3 Nachdem das Motiv vollständig mit Farbe ausgefüllt ist, tuschst du den Hintergrund farbig. Dadurch kommt das Motiv noch schöner zur Geltung. Durch die Abgrenzung mit dem Kleber erscheint es sehr plastisch.

TIPP

Sicherheitshinweis: Das Malen mit der Heißklebepistole sollte ein Erwachsener übernehmen.
Wenn die Linien alternativ mit Flüssigkleber nachgemalt werden, warte vor dem Tuschen unbedingt, bis er vollständig ausgehärtet ist, und verwende einen Kleber, der nicht zerläuft.

REGENBOGEN

1

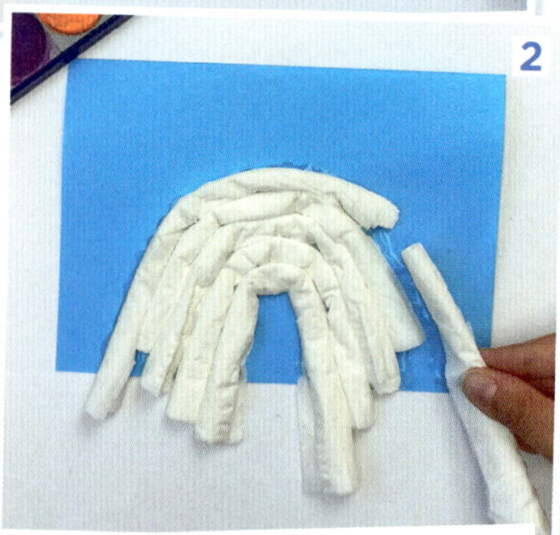
2

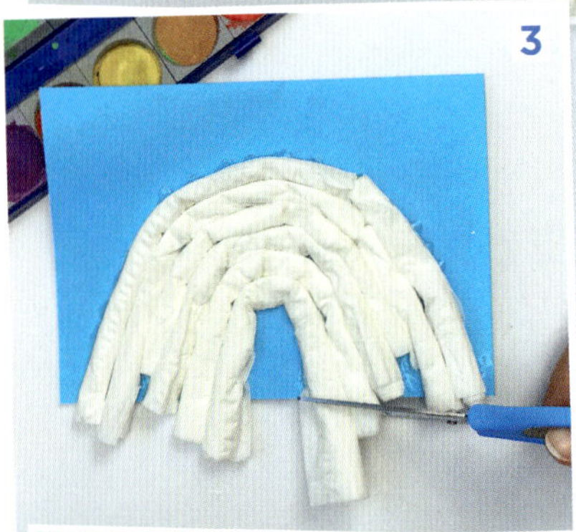
3

4

Das brauchen wir

Kosmetiktücher, Kleber, blaues Blatt Papier, Schere, Watte, Pinsel, Wassergefäß, Wasser, Tuschkasten

SO WIRD'S GEMACHT

1 Zuerst rollst du die jeweils Kosmetiktücher so auf, dass eine Schlange entsteht. Für das Beispielbild benötigst du acht Kosmetiktücher. Die Schlangen klebst du auf das blaue Blatt, und zwar so, dass ein Regenbogen entsteht. Wir haben sechs Regenbögenstränge geklebt. Sie sollten dicht aneinanderliegen.

2 Wenn eine Schlange nicht für einen Strang reicht, kannst du auch eine weitere Schlange ankleben. Es ist nicht schlimm, wenn die einzelnen Stränge über die untere Kante des Blattes ragen.

3 Wenn alle Stränge geklebt sind, nimmst du deine Schere und schneidest an der unteren Blattkante alles, was übersteht, ab. Dann malst du mit dem Pinsel jeden Strang in einer der Farben eines Regenbogens an. Achte darauf, dass kein Weiß mehr zu sehen ist.

4 Nachdem du alle Stränge angemalt hast, klebst du ein paar Wattebausche jeweils am unteren Ende des Regenbogens an. Nun leuchtet dein Regenbogen über den Wolken.

TIPP

Warte mit dem Aufkleben der Wattebausche, bis die Farbe gut getrocknet ist. Wenn du keine Kosmetiktücher zur Hand hast, kannst du auch Taschentücher oder Haushaltspapier verwenden.

SCHMETTERLING II

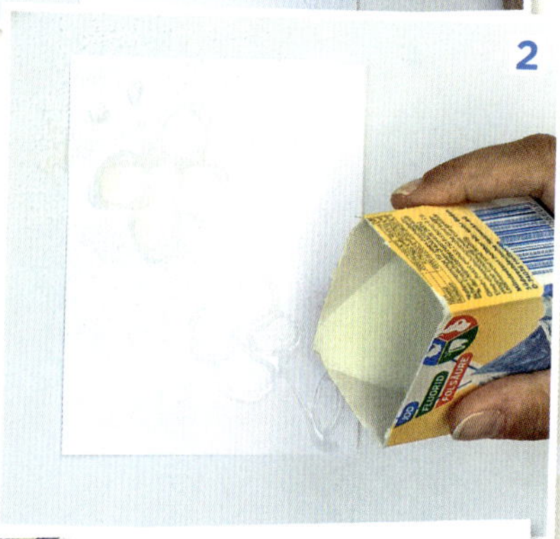

Das brauchen wir

Flüssigkleber, weißes Blatt Papier, Haushaltssalz, Pinsel, Wassergefäß, Wasser, Tuschkasten

SO WIRD'S GEMACHT

1 Zeichne mit dem flüssigen Kleber ein Motiv, eine Form oder ein Bild auf dein Blatt Papier. Achte darauf, dass alle Linien auch durchgezogen sind.

2 Nun bestreust du die Linien ordentlich mit Salz.

3 Wenn alle Linien mit Salz bedeckt sind, stelle dein Papier aufrecht und lass so das überschüssige Salz vom Papier fallen. Achtung! Dieses Salz kannst du nicht mehr zum Verzehr verwenden, nur zum Basteln.

4 Deine Salzzeichnung muss nun gut durchtrocknen. Dann malst du die einzelnen Linien mithilfe eines Pinsels mit viel Farbe und wenig Wasser bunt an.

TIPP

Diese Technik eignet sich auch besonders gut für das Gestalten auf schwarzem Papier.

KREATIVE MUSTER

Das brauchen wir

Papierdeckchen, Geschenktüte oder Butterbrottüte, Pinsel, Wassergefäß, Wasser, Tuschkasten

SO WIRD'S GEMACHT

1 Lege das Papierdeckchen auf die Geschenktüte. Wenn du es mittig faltest und um die Geschenktüte legst, hat es einen besseren Halt.

2 Tusche nun vorsichtig mit einem Pinsel über das Papierdeckchen. Verwende dabei viel Farbe und wenig Wasser. Wenn die Farbe zu flüssig ist, besteht die Gefahr, dass sie unter das Papierdeckchen läuft und kein Muster zu sehen ist. Wenn du fertig bist, nimm das Papierdeckchen vorsichtig wieder weg.

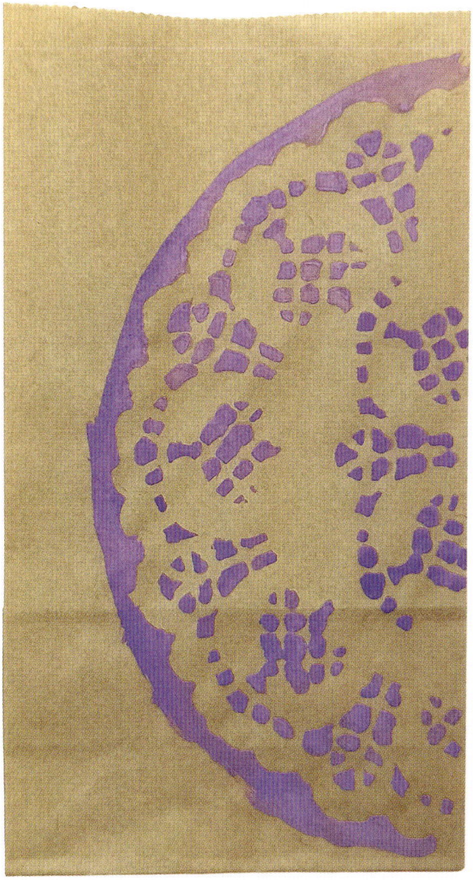

TIPP

Die Papierdeckchentechnik eignet sich für unterschiedlichste Verschönerungen: Karten, Einladungen, Geschenkanhänger und vieles mehr. Es gibt die Deckchen in verschiedenen Formen und Größen.

BUNTE BILDER

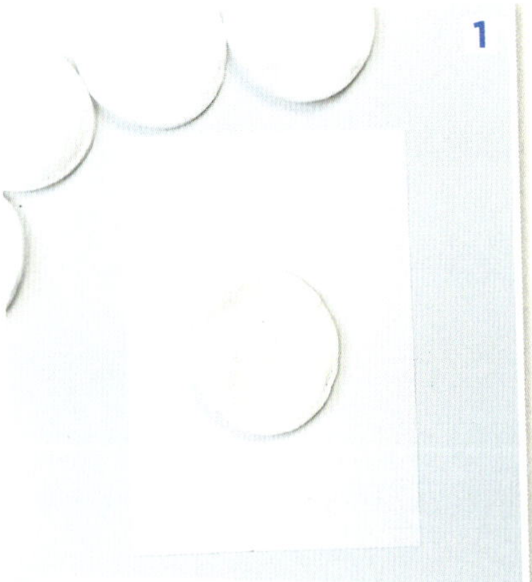

Das brauchen wir

Weißes Blatt Papier, Kleber, Wattepads, Filzstifte, Schere, Tuschkasten, Pinsel, Wassergefäß, Wasser

SO WIRD'S GEMACHT

1 Falte dein Papier so, dass vier gleich große Teile entstehen, und schneide sie auseinander. Auf jeweils ein Stück klebst du ein Wattepad.

2 Für ein Sonnenmotiv malst du mit Filzstiften die Strahlen der Sonne um ein Wattepad.

3 Tusche zuletzt mithilfe eines Pinsels mit viel Wasser und Farbe das Wattepad als Sonne gelb aus.

TIPP

Du kannst viele verschiedene Bilder gestalten und sie dann anmalen. Unsere Lieblinge zeige ich dir auf den Fotos als Inspiration.

IM MEER

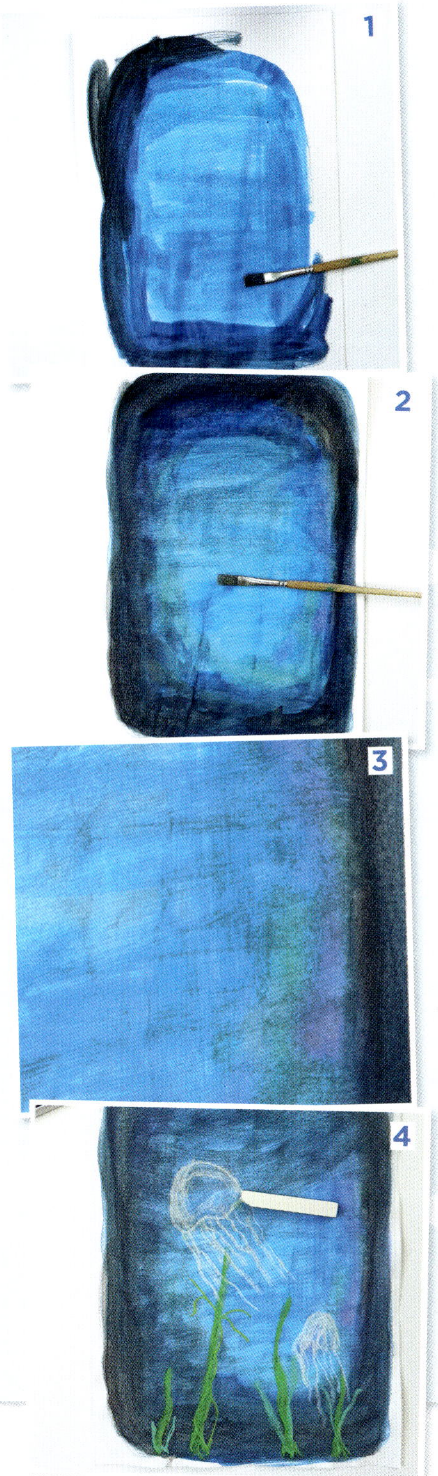

Das brauchen wir
Weißes Blatt Papier, Kreide, Pinsel, Wassergefäß, Wasser, Tuschkasten

SO WIRD'S GEMACHT

1 Beginne in der Mitte deines Blatts mithilfe eines Pinsels mit hellem Blau einen Bereich zu tuschen. Nach außen wird das Blau dunkler, bis es schwarz wird. Du kannst einfach wie ich den dunklen Bereich wie einen Rahmen um den hellen Bereich tuschen.

2 Wichtig ist, dass du zwischendurch mit einem feuchten Pinsel vom dunklen in den hellen Bereich malst. So werden die Übergänge sanft.

3 In den Übergangsbereich kannst du auch mit viel Wasser und wenig Farbe Töne wie Lila und Grün einfließen lassen. Dadurch entstehen großartige Farbspiele, die dein Meer lebendig wirken lassen.

4 Wenn deine Unterwasserwelt getrocknet ist, kannst du beginnen, sie mit Kreide zu gestalten. Fange mit verschiedenen Grüntönen an und zeichne Algen und Pflanzen in dein Bild. Anschließend fügst du Steine, Korallen oder Krebse hinzu. Welche anderen Meeresbewohner leben in deiner Welt? Wir haben mit weißer Kreide Quallen gezeichnet und kleine schwarze Fische, die anscheinend weit hinten im Meer schwimmen. Lass deiner Fantasie freien Lauf.

TIPP

Es ist wichtig, dass das Bild ganz trocken ist, bevor du es mit der Kreide weiter gestaltest. Wir benutzten hier zum Zeichnen immer Haarkreide, sie leuchtet besonders schön und hält besser als Straßenkreide.

BUNTE BLUMEN

1

2

3

4

Das brauchen wir

Weiße Blätter Papier, Schere oder Konturenschere, Kleber, Pompons, Pinsel, Wassergefäß, Wasser, Tuschkasten

SO WIRD'S GEMACHT

1 Male auf ein Blatt Papier mit einem Pinsel viele Kreise in verschiedenen Farben. Die Kreise dürfen sich auch überschneiden.

2 An den Stellen, an denen zwei Farben übereinander sind, kannst du mit etwas mehr Wasser darübergehen und so dazu beitragen, dass sie sich vermischen und großartige Farbspiele entstehen.

3 Wenn dein Blatt mit bunten Kreisen gefüllt ist, gehst du mit einem feuchten Pinsel über das Bild, um harte Übergänge weich zu malen. Nimm dazu am besten sauberes Wasser.

4 Nachdem dein bemaltes Papier getrocknet ist, schneidest du daraus Kreise in zwei unterschiedlichen Größen aus. Du kannst dir zwei unterschiedliche runde Gegenstände zur Hilfe nehmen und die Kreise vorher abzeichnen. Wir haben z.B. eine Tesafilm-Rolle und einen kleinen Becher genommen. Schneide die Kreise mit der Schere oder Konturenschere aus. Nun klebst du den größeren Kreis auf ein neues Blatt Papier und klebst darauf einen kleineren Kreis. In die Mitte des kleinen Kreises wird noch ein kleiner Pompon geklebt. Nun kannst du mit einem Pinsel den Blumen Stängel und Blätter malen.

TIPP

Wenn die Geduld für das Trocknen des bemalten Papiers nicht ausreicht, kannst du es auch mit einem Föhn trockenföhnen oder du teilst das Projekt auf zwei Tage auf. Das Blatt mit den fertig gestalteten Blumen eignet sich als Bild, für Karten und Einladungen.

SCHMETTERLING III

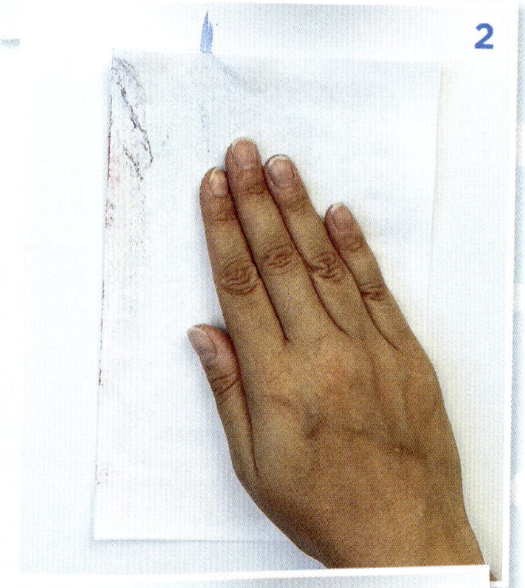

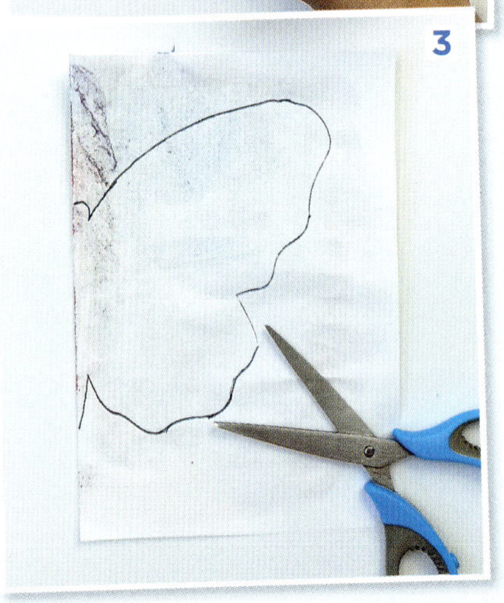

Das brauchen wir

Weißes Blatt Papier, Schere, Pinsel, Wassergefäß, Wasser, Tuschkasten
Vorlage 6 (siehe Hinweis Seite 11)

SO WIRD'S GEMACHT

1 Falte dein weißes Papier einmal mittig zusammen, klappe es wieder auf und lege es vor dich. Mit einem Pinsel malst du auf eine Seite Muster. Hierbei kannst du kreativ sein und entweder gezielte Muster wie Punkte und Linien malen oder großflächige Farbbereiche. Verwende viel Farbe und viel Wasser.

2 Anschließend klappst du dein Blatt Papier wieder zusammen und drückst beide Seiten vorsichtig fest. Du kannst auch drüberstreichen. Wichtig, bevor du die beiden Hälfen zusammenklappst, ist, dass die Farbe noch nass ist und nicht eingetrocknet. Sonst kann sie sich nicht auf die andere Seite übertragen.

3 Nun öffnest du deine Abklatschkunst wieder und lässt sie trocknen. Wenn die Farbe gut getrocknet ist, gibst du deinem Werk eine Form. Falte dazu das Papier wieder zusammen und male einen halben Schmetterling nach der Vorlage von Seite 90 auf das Blatt vor dir. Achte darauf, dass der halbe Schmetterling bis an die geschlossene Kante gelegt wird (siehe Foto), andernfalls wirst du nach dem Schneiden zwei einzelne Flügel erhalten. Schneide die Form aus und klappe das Papier auf.

TIPP

Probiere verschiedene Formen aus wie z.B. ein Herz, einen Kreis oder ein Dreieck. Die Abklatschbilder eignen sich auch für kleine Karten oder als eigenes Kunstwerk aufgeklebt auf einem farbigen Papier.

IGEL VON DER SEITE

Das brauchen wir

Stift, weißes Blatt Papier, Strohhalm, Pinsel, Wassergefäß, Wasser, Tuschkasten

SO WIRD'S GEMACHT

1 Zuerst zeichnest du mit einem Stift einen Igelkopf auf das Papier.

2 Mit einem Pinsel und brauner Farbe malst du den Körper des Igels grob vor. Der Körper hat die Form eines lang gezogenen Kreises.

3 Spätestens dann legst du deinen Strohhalm bereit. Mit viel Wasser und wenig Farbe setzt du mit einem Pinsel oben am Rücken des Igels einen wässrigen Farbklecks, nimmst schnell deinen Strohhalm und pustest die Farbe nach oben zum Papierrand. So entstehen Puste-Stacheln. Dies wiederholst du so lange, bis das Stachelkleid deines Igels vollständig ist. Lass dein Bild anschließend gut trocknen, bevor du es bewegst, sonst könnte die Farbe weiter verlaufen.

TIPP

Wenn du zum ersten Mal mit der Pustetechnik gestaltest, probiere es vorher auf einem leeren Blatt Papier aus. Die Farbe verhält sich unterschiedlich, je nachdem, ob du zart und vorsichtig pustest oder stark und explosionsartig. Auch ob du mit deinem Strohhalm dicht an der Farbe bist oder weiter weg, beeinflusst den Verlauf der Farbe. Außerdem kannst du so ein Gefühl dafür bekommen, wie viel Wasser du in der Farbe brauchst, damit du das dir vorgestellte Ergebnis erhältst.

GESICHTER

Das brauchen wir

Stift, weißes Blatt Papier, Strohhalm, Pinsel, Wackelaugen (nach Geschmack), Wassergefäß, Wasser, Tuschkasten

SO WIRD'S GEMACHT

1 Zeichne mit einem Stift ein einfaches Gesicht auf das Papier, z.B. als U, mit Mund und Augen, und lege dir deinen Strohhalm bereit.

2 Mit viel Wasser und wenig Farbe setzt du mit einem Pinsel oben am Kopf auf deinem Papier einen wässrigen Farbklecks, nimmst schnell deinen Strohhalm und pustest die Farbe nach oben zum Papierrand. So entstehen Puste-Haare. Dies wiederholst du, bis die Haarpracht fertig ist. Wenn du magst, kannst du auch Wackelaugen aufkleben.

TIPP

Probiere verschiedene Farben aus und überlege dir, ob bestimmte Farben vielleicht einen Gefühlsausdruck des Gesichtes unterstreichen können. Dementsprechend kannst du auch Gesichter mit unterschiedlichen Gefühlsausdrücken kreieren.

MONSTERCHEN

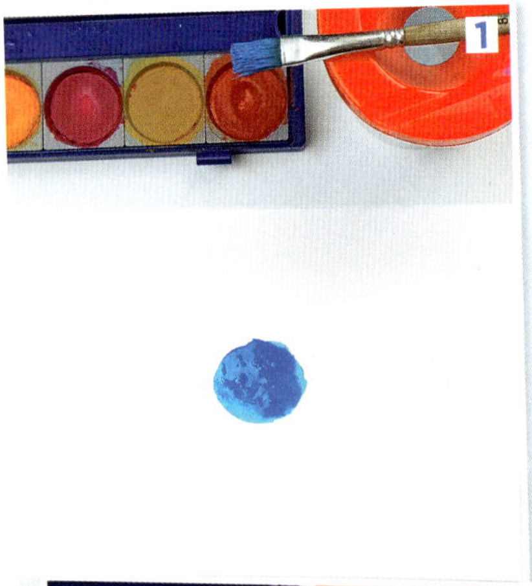

Das brauchen wir

Weißes Blatt Papier, Strohhalm, Stift, Wackelaugen, Pinsel, Wassergefäß, Wasser, Tuschkasten

SO WIRD'S GEMACHT

1 Mache mit einem Pinsel einen wässrigen Farbklecks auf dein Blatt Papier.

2 Mit deinem Strohhalm pustest du nun die Ränder des Farbkleckses aus der Mitte nach außen. Puste kurz und kräftig, dicht am Farbklecksrand.

3 Damit deine Monster später unterschiedlich aussehen, kannst du die Grundform deines wässrigen Farbkleckses verändern. Male z.B. einen länglichen Klecks oder einen mit Rundungen. Auch durch die Art des Pustens kannst du etwas Einfluss darauf nehmen, wie die Monster aussehen werden. Gestalte so deine Monster und wenn sie fertig gemalt sind, lass sie trocknen. Anschließend zeichnest du ihnen mit einem Stift jeweils einen Mund auf und klebst Wackelaugen auf.

TIPP

Durch das Pusten werden die Gesichts-, Lippen- und Zungenmuskulatur sowie die Atmung und das Zwerchfell trainiert und es unterstützt so spielerisch den Mundschluss, die Atmung und die Sprachentwicklung. Eine Technik, die neben den vielen Vorteilen Klein und Groß richtig Spaß bringt.

GESPENSTERSCHLOSS

1

2

3

4

Das brauchen wir

Weiße Blätter Papier, schwarzes Blatt Papier, Deckweiß, Stift, Pinsel, Wassergefäß, Wasser, Tuschkasten

Vorlage 7 (siehe Hinweis Seite 11)

SO WIRD'S GEMACHT

1 Nimm mit einem Pinsel kräftiges Rot auf und tusche grob über ein weißes Blatt Papier. Dann nimmst du Orange, Gelb, Ocker und für den oberen Teil ein ganz wenig Schwarz mit viel Rot auf. Verwende dabei so viel Wasser, dass die Farben noch ineinanderlaufen können.

2 Versuche, dir einen Sonnenuntergang vorzustellen und diese Stimmung auf deinem Bild nachzuempfinden. Fülle dein Bild mit Rot-/Gelbtönen.

3 Zum Schluss kannst du mit einem feuchten Pinsel nochmals über dein Bild streichen, um die Übergänge weich zu malen. Nun lässt du es trocknen. Währenddessen nimmst du dir ein schwarzes Papier und zeichnest die Schlosssilhouette der Vorlage auf Seite 91 ab. Schneide es und klebe es auf dein getrocknetes Bild.

4 Male auf ein Stück weißes Papier einen gelben Kreis. Lass ihn trocknen, schneide ihn anschließend aus und klebe ihn oben rechts auf dein Bild. Nimm etwas Deckweiß auf deine Fingerspitze, drücke deinen Finger auf das Bild und ziehe ihn etwas nach unten. So entstehen kleine Geister. Wenn sie getrocknet sind, malst du ihnen mit einem Stift noch Gesichter auf und/oder fügst deinem Bild weitere Details hinzu.

TIPP

Ein stimmungsvoller Hintergrund mit einer schwarzen Silhouette drauf – in dieser Art lassen sich viele beeindruckende Bilder kreieren. Details können auch mit Kreide gezeichnet werden.

BUNTE BLÄTTER

Das brauchen wir

Weißes Blatt Papier, Bastelkarton, Schwamm oder Schwammpinsel, Wassergefäß, Wasser, Tuschkasten
Vorlage 8 (siehe Hinweis Seite 11)

SO WIRD'S GEMACHT

1 Schneide mithilfe der Vorlagen auf Seite 92 Blätterschablonen aus Bastelkarton und lege sie schön verteilt auf das Papier.

2 Tupfe mit deinem Schwamm erst vorsichtig in das Wasser und nimm dann etwas Farbe aus deinem Tuschkasten auf. Nun tupfe vorsichtig über das ganze Blatt Papier. Gib acht, dass der Schwamm nicht zu viel Wasser aufgenommen hat – verwende viel Farbe und wenig Wasser, dann läuft die Farbe auch nicht unter die Schablonen.

3 Wenn dein ganzes Blatt Papier betupft ist, nimm vorsichtig die Schablonen herunter und lass alles trocknen.

TIPP

Als Schwamm zum Kreativsein kannst du auch einen Streifen von einem gewöhnlichen Haushaltsschwamm verwenden.

ZEITUNGSHASE

Das brauchen wir

Zeitungspapier, Schere, Kleber, weißes Blatt Papier, Papprest, Stift, schwarzes Blatt Papier, Pinsel, Wassergefäß, Wasser, Tuschkasten
Vorlage 9 (siehe Hinweis Seite 11)

SO WIRD'S GEMACHT

1 Tusche eine Zeitungsseite mit einem Pinsel bunt an. Verwende am besten eine Seite mit mehr Text als Bildern. Du kannst sie einfarbig anmalen oder kunterbunt. Lass die Seite gut trocknen.

2 Nachdem die Zeitung durchgetrocknet ist, schneide mit deiner Schere die Seite in viele Stücke, die nicht zu klein sein sollten. Es müssen keine perfekten Schnitte sein. Die einzelnen Schnipsel klebst du anschließend auf dein Blatt, bis kein Weiß mehr zu sehen ist. Du darfst sie auch überlappend kleben, umso unordentlicher sie geklebt sind, desto schöner wird der Effekt.

3 Lass das geklebte Bild trocknen. Währenddessen schneidest du die Hasenschablone mithilfe der Vorlage auf Seite 93 aus. Drehe das getrocknete Bild mit der weißen Seite nach oben und zeichne die Schablone mit einem Stift darauf ab. Schneide deinen Hasen aus und klebe ihn auf ein schwarzes Papier. Durch den Kontrast von schwarz zu bunt sieht er besonders leuchtend aus.

TIPP

Aufgrund der Trocknungsphasen kann dieses Projekt auch in kleinen Etappen auf mehrere Tage aufgeteilt werden.

VORLAGE 1

VORLAGE 2

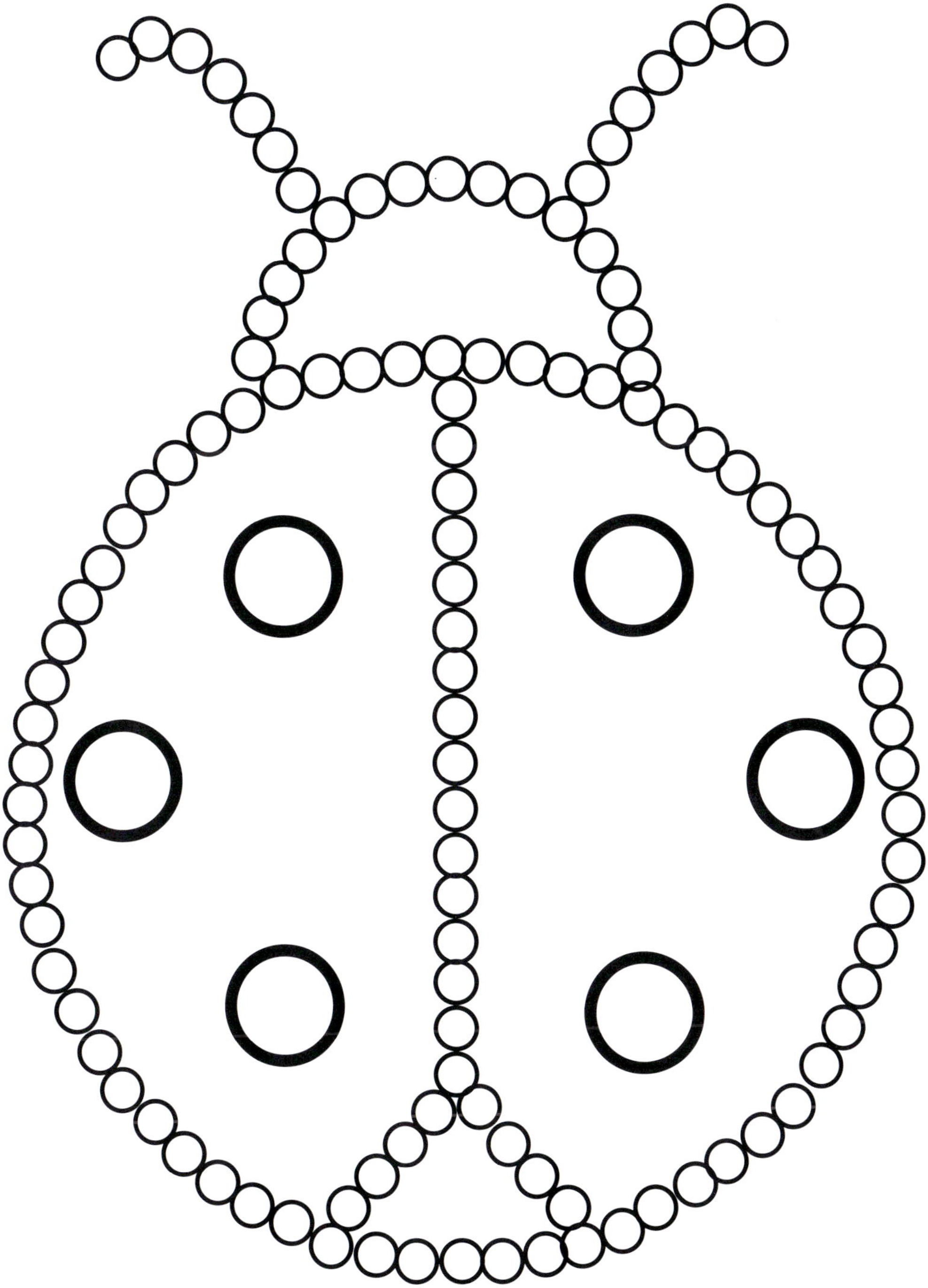

VORLAGE 3

VORLAGE 4.1

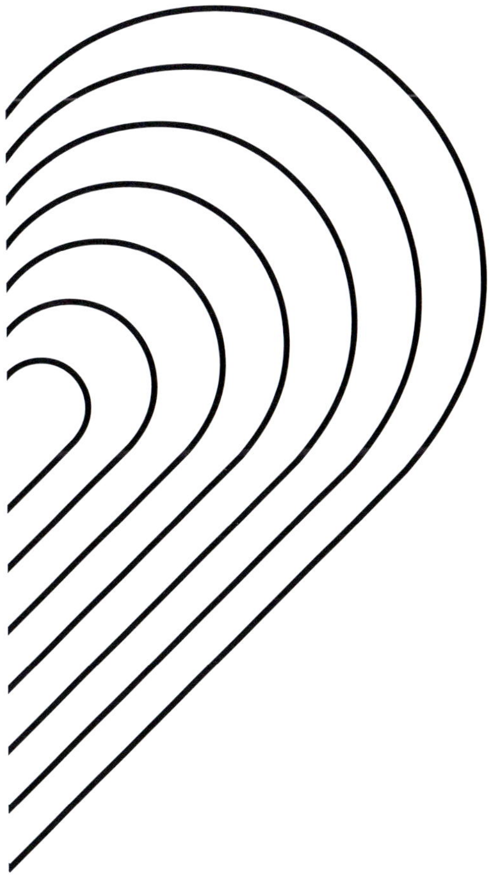

VORLAGE 4.2

VORLAGE 5

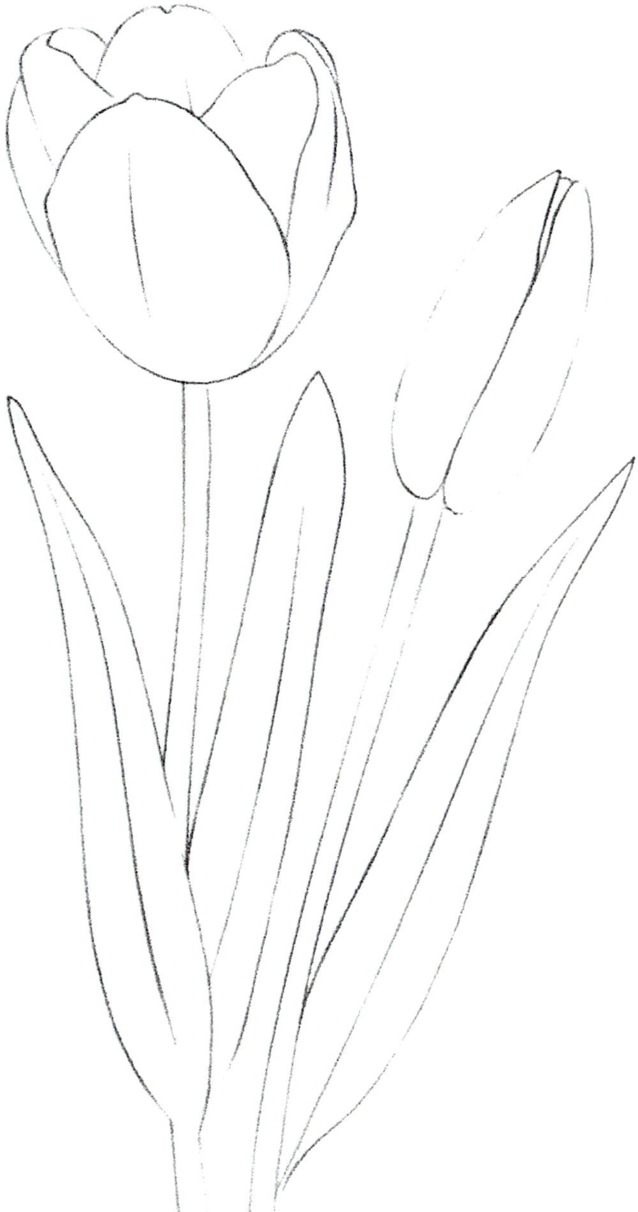

VORLAGE 6

VORLAGE 7

VORLAGE 8

VORLAGE 9

IMPRESSUM

Fotos: Gina Reinhardt, S. 7: shutterstock/
Sascha Preussner
Projektmanagement: Maria Möllenkamp
Lektorat: Constanze Lüdicke
Korrektorat: Mareike Weber
Umschlaggestaltung: Mathias Frisch
Layout: Elke Mader
Repro: LUDWIG:media
Herstellung: Julia Hegele
Printed in Türkiye by Elma Basim

★★★★★

Sind Sie mit diesem Titel zufrieden? Dann würden wir uns über Ihre Weiterempfehlung freuen. Erzählen Sie es im Freundeskreis, berichten Sie Ihrem Buchhändler oder bewerten Sie bei Onlinekauf. Und wenn Sie Kritik, Korrekturen, Aktualisierungen haben, freuen wir uns über Ihre Nachricht an: Christian Verlag, Postfach 40 02 09, 80702 München oder per E-Mail an lektorat@verlagshaus.de.

Unser komplettes Programm finden Sie unter

www.christophorus-verlag.de

In diesem Buch wird aus Gründen der besseren Lesbarkeit das generische Maskulinum verwendet. Weibliche und anderweitige Geschlechteridentitäten werden dabei ausdrücklich mitgemeint, soweit es für die Aussage erforderlich ist.

Die Deutsche Nationalbibliothek verzeichnet diese Publikation in der Deutschen Nationalbibliografie; detaillierte bibliografische Daten sind im Internet über http://dnb.d-nb.de abrufbar.

ISBN 978-3-8411-0297-3

Kreativ-Service

Sie haben Fragen zu unseren Büchern und Materialien? Wir beraten Sie gern rund um alle Kreativthemen. Rufen Sie uns einfach an. Wir interessieren uns auch für Ihre eigenen Ideen und Anregungen. Sie erreichen uns per E-Mail: **kreativ-service@c-verlag.de** oder unter der Tel.: **+49 (0)89-1306 99 577**.

Besuchen Sie uns im Internet: www.christophorus-verlag.de & www.selbstgemacht.de